J.-V. PONCELET.

J.-V. PONCELET.

DISCOURS

PRONONCÉS AUX FUNÉRAILLES

DE

M. LE GÉNÉRAL PONCELET,

Le mardi 24 décembre 1867.

Pour ceux qui ont connu le Général Poncelet, sa sim-
plicité, son éloignement de toutes pensées de vain orgueil,
cette publication pourra paraître contraire à la ligne de
conduite qu'il a toujours suivie ; mais la femme qui a eu
le bonheur d'être associée à ce noble cœur et à laquelle il
ne reste plus aujourd'hui que des souvenirs, est-elle blâ-
mable de vouloir rappeler à d'autres la vie, les travaux
et le caractère du Général, en reproduisant les paroles
touchantes que des amis bien chers ont prononcées devant
cette tombe qui allait se fermer !

P. P.

DISCOURS

DE

M. LE BARON CHARLES DUPIN,

MEMBRE DE L'ACADÉMIE DES SCIENCES.

MESSIEURS,

Avec un profond sentiment de douleur je remplis, au nom de l'Académie des Sciences, un dernier et triste devoir. Doyen de la Section de mécanique, il me faut exprimer en quelques paroles les regrets du confrère et de l'ami envers l'un des hommes qui, de nos jours, ont le mieux allié les services rendus aux études transcendantes, à la patrie, à l'armée, aux arts utiles; il me faut rappeler le génie d'invention qui parvint à reculer les bornes de la science dans ses théories les plus abstraites, en même temps qu'il découvrit des moyens nouveaux d'appliquer les forces de la nature aux travaux d'une industrie perfectionnée.

Telle est l'indication trop abrégée des conquêtes

faites par un seul homme pendant une vie de quatre-
vingts années, sans distraction, sans repos, et toujours
dirigée vers de nouveaux progrès.

M. le Général Jean-Victor Poncelet naquit, en 1788,
à la veille de nos grands orages politiques, dans cette
ville de Metz où tout respire à la fois la science et la
guerre; l'un des centres principaux de notre force dé-
fensive, devant laquelle se brisèrent autrefois les
efforts de Charles-Quint, et devant laquelle se brise-
raient encore les efforts de quelque empereur impro-
visé des bords du Rhin et de la Moselle, si les grandes
luttes du seizième siècle devaient renaître de nos
jours.

Admis à l'École Polytechnique en 1807, il entra
naturellement dans le Génie militaire; il vint à Metz.
Là florissait la double École d'application pour ce
Corps et pour l'Artillerie, transférée de la petite place
de Mézières; elle se trouvait désormais sur un théâtre
où tout servait comme exemple de vastes travaux
et comme moyens d'étude pour nos deux armes savantes.

La guerre contre la Russie commençait lorsque le
Lieutenant du Génie fut appelé dans les rangs de la
grande armée; il prit sa place au milieu du Corps qui,
commandé par le Maréchal Ney, fit encore plus de
prodiges à l'époque des revers, et de la force d'âme
suffisante pour les supporter, qu'à celle de la victoire
et de ses enthousiasmes.

A Krasnoë, Poncelet fut fait prisonnier avec une
division trahie par la fortune. Presque entièrement
dépouillé de ses vêtements, au milieu d'un hiver qui
faisait encore plus de victimes que les combats, il fut

transféré et laissé comme captif à Saratoff, sur les bords du Volga, à neuf cents lieues de sa patrie.

Seul, sans amis pour le consoler, sans livres pour le distraire, au lieu de s'abandonner au découragement, il se rappela ses premières études polytechniques. Le souvenir des belles théories de Monge sourit à son imagination; il revint aux conceptions de la géométrie supérieure. De nouveaux sentiers s'offrirent à lui; il s'y lança, et, cessant d'être élève, il se sentit maître. Dès ce moment, la France acquit, chose rare en tout temps, un Géomètre de plus.

Il découvrit ces ingénieuses propriétés projectives des figures continues et celles que lui présentèrent les centres des moyennes harmoniques.

La paix revint, et bientôt notre savant Ingénieur obtint d'être attaché à la Place, puis à l'École de Metz, dont il devint un des plus éminents professeurs.

De 1821 à 1830, lorsque dans toutes nos cités je faisais appel aux Officiers des différents services publics pour ouvrir des cours de géométrie et de mécanique appliquées aux arts, afin de changer la face de notre industrie, la ville de Metz fut celle qui répondit avec le plus d'éclat à cet appel. Ce ne fut pas seulement la répétition d'un cours primitif et normal; ce fut un enseignement nouveau, qui devint par degrés plus spécial et plus profond.

C'est alors que le Capitaine Poncelet développa ses moyens ingénieux d'appliquer le calcul des forces vives à l'évaluation du travail des machines, et pour les travaux publics et pour l'industrie en général.

Dès l'origine, ce fécond enseignement se trouva

digne des Écoles d'application et de leur source pre-
mière, l'École Polytechnique ; en même temps il n'était
pas trop au-dessus de l'École centrale, qui naissait pour
former nos Ingénieurs civils, aujourd'hui si nombreux
et si brillants.

Afin d'appliquer sa théorie, M. Poncelet prit pour
exemple un difficile problème, celui des roues verti-
cales employées à transmettre la force de l'eau dans
une foule d'usines, recevant cette eau dans leurs
aubes encaissées, qui la descendent par son poids jusqu'au moment de sa libre sortie. Auparavant, cette
sortie s'accomplissait sans que la force accumulée fût
en entier transmise à la roue, et c'était une perte
énorme. M. Poncelet découvrit et démontra quelle
forme il fallait donner au contour des aubes pour que
rien ne fût perdu ; cela doubla presque l'économie de
la puissance hydraulique. La France, l'Allemagne,
l'Italie, l'Angleterre même s'empressèrent d'adopter
l'ingénieux perfectionnement qui prit le nom popu-
laire de *Roues à la Poncelet*.

Il appliqua sa géométrie et ses calculs aux ponts-
levis régularisés par des poids variables ; ensuite au
calcul de la résistance des revêtements et de leur stabilité, sujet important et peu perfectionné depuis les
résultats pratiques obtenus par Vauban.

Tant de travaux assignaient à leur Auteur la pre-
mière place qui viendrait à vaquer au sein de l'Institut
dans une Section qui lui devait de tels progrès ; ce fut
en 1834. Par conséquent, il a concouru pendant un
tiers de siècle à tous les travaux de l'Académie des
Sciences.

En 1851, l'Angleterre, s'emparant d'une idée conque par les Français, résolut de proposer aux nations savantes l'Exposition universelle de leurs produits les plus parfaits, qui devaient être jugés, classés et récompensés par des Jurés internationaux.

La France seule en fournit trente; c'était le cinquième de tout le Jury. J'eus le bonheur de faire accepter une liste où le mérite éminent prit partout la place de la faveur.

Transmise à Londres, en voyant un si grand nombre de noms européens autant que français, comme celui des Poncelet, des Dumas, des de Luynes, des Dufresnoy, des Didot, etc., etc., sur la demande gracieuse du Prince Albert, qui présidait la Commission royale de l'immense concours, le Gouvernement de la Reine Victoria remercia le Gouvernement français d'avoir fait l'honneur d'un tel choix à l'Angleterre.

Ainsi représentée, la France ne pouvait pas manquer d'obtenir sa part dans les récompenses accordées aux vainqueurs. Pour réussir, les Français employèrent un moyen bien simple; ils appuyèrent de toute leur autorité le mérite des inventions étrangères; par un retour naturel, le mérite des nôtres obtint de n'être pas trop contesté. Notre secret était renfermé dans ces mots que nous avons pu prononcer : *Nous avons été justes.*

Avec l'approbation de l'Empereur des Français, la Commission française fut chargée de présenter, pour un demi-siècle, le tableau du progrès des arts éclairés par les sciences; ce beau programme devint le sujet d'un des travaux les plus considérables, les plus vastes et les plus savants accomplis par le Général Poncelet.

Ce fut de montrer la valeur des inventions mécaniques et des droits acquis par chaque inventeur depuis l'origine des brevets dits d'invention et de perfectionnement. La France, l'Angleterre et les États-Unis mirent leurs collections à la disposition du savant Rapporteur; il en fit l'analyse en remontant, de titre en titre, à chaque inventeur, sans acception de préjugés nationaux et de rivalités honteuses.

C'est un monument d'histoire à la fois scientifique et technique, estimé, admiré de nos rivaux autant que de nous.

Lorsque le moment arriva de réclamer les récompenses dues aux Jurés de 1851, le Président de la Commission ne craignit pas de demander, pour M. le Général Poncelet, déjà relégué dans le cadre de la réserve et délaissé comme tel, le rang de Grand Officier dans la Légion d'honneur.

Au premier abord, la demande parut hardie et presque exagérée au nom de la science et des arts; d'autres titres achevèrent de la justifier.

En 1848, lorsque les formidables journées de juin ensanglantèrent la capitale, M. Poncelet gouvernait l'École Polytechnique, cet objet d'envie de toutes les émeutes qui, pour diriger la foule insurgée, manquaient de commandants et d'intelligences supérieures.

L'énergique Gouverneur préserva l'École d'un semblable danger; il la mit sous les armes, et, marchant à sa tête, il traversa les barricades; il conduisit ainsi jusqu'au palais du Luxembourg ce bataillon sacré de la science : bataillon qui devint la garde d'honneur du Gouvernement menacé.

La guerre sociale étouffée, M. le Général Cavaignac choisit l'auteur de ce mémorable service pour commander la Garde Nationale du département de la Seine. C'était charger de cette haute fonction un chef incapable de trahir ses devoirs par faiblesse ou par amour de l'anarchie, et capable, au contraire, de rétablir la discipline alliée au pur sentiment du patriotisme.

Ces titres rapportés avec simplicité suffirent. et M. le Général Poncelet fut nommé Grand Officier de la Légion d'honneur.

Me sera-t-il permis de le dire : Depuis dix-huit ans, toutes les propositions que j'ai dû faire pour obtenir et récompense et justice au nom des sciences et des arts, auprès du Chef de l'État, écoutées froidement, attentivement et sans vaines paroles, ont obtenu la solution que réclamait le bien public et l'équité. C'est pour moi le sujet d'une impérissable reconnaissance, et le plus précieux souvenir se rapporte au célèbre Académicien dont nous déplorons la perte.

Je terminerai cet accomplissement d'un dernier devoir en reportant tous nos hommages du Général à la compagne incomparable qui devint le bonheur et le charme de sa vie pendant les vingt dernières années de sa carrière. Pour ses travaux elle était à la fois le plus dévoué, le plus ingénieux des secrétaires et presque un collaborateur.

Quand vinrent les jours de souffrance occasionnée par la guerre et par les longs travaux de la paix, cette noble compagne lui prodigua les soins les plus constants, les plus attentifs et les plus ingénieux. Accablée à la fin par trop de jours sans repos et trop de nuits sans sommeil, il fallut appeler une sœur de cha-

rité, que le Général crut trouver indifférente et presque
froide, parce qu'elle n'avait pas à soigner un autre
elle-même ! La vraie sœur de charité dans les derniers
moments de notre illustre ami est à présent l'épouse
inconsolable que nous voudrions, s'il se pouvait, un
peu consoler par le tribut de tous nos hommages, de
tous nos respects et de notre admiration dévouée.

DISCOURS

DE

M. DUMAS,

MEMBRE DE L'ACADÉMIE DES SCIENCES, PROFESSEUR HONORAIRE
DE LA FACULTÉ DES SCIENCES.

————

MESSIEURS,

La Faculté des Sciences de Paris a voulu que son ancien Doyen vînt rendre, en son nom, les derniers devoirs de reconnaissance et de respect à l'un des plus illustres Professeurs qu'elle ait comptés dans son sein depuis l'époque de sa fondation.

Le Général Poncelet n'avait pas été appelé au milieu de nous avec la mission d'enseigner une science faite, de suivre une tradition acceptée, de remplacer un prédécesseur qui lui aurait ouvert et jalonné la route. Non, la Faculté, comme l'Académie des Sciences, dont elle est la représentation active auprès de la jeunesse, qui a pour devise l'alliance de la science pure à la science pratique, lui était demeurée fidèle dans l'organisation de tous ses programmes, un seul excepté, celui de la mécanique.

2

Il appartenait au Général Poncelet de doter la Faculté et l'enseignement public de ce cours de cinématique et de mécanique physique, complément nécessaire et naturel de l'étude de la mécanique rationnelle, qui en matérialise les conclusions, qui en rend plus sensibles les démonstrations, et qui, rectifiant sans cesse par l'étude des faits les impressions théoriques si souvent erronées ou exagérées des élèves, prévient leurs égarements.

La science, il l'avait faite; son enseignement, il l'avait tenté le premier; son cours, il en trouvait tous les éléments dans ses propres travaux; la méthode, il en avait donné les meilleurs exemples dans ses Mémoires demeurés classiques.

Aussi, quel choix d'élèves entourait la chaire du Général Poncelet! Vieux comme jeunes, tous les professeurs que l'Université dirige vers l'enseignement de la mécanique sont venus recevoir son baptême et se pénétrer de son esprit. Si l'enseignement raisonné de la mécanique pratique, créé au milieu de Paris, dans la plus autorisée et la plus savante de ses écoles publiques, s'est répandu peu à peu dans le pays tout entier; s'il passe des lycées dans les écoles primaires supérieures, c'est au Général Poncelet que la nation doit ce grand bienfait, toujours fécondé avec un soin pieux par ses premiers élèves, nos confrères, ses amis, plus jaloux que lui-même de la défense de son héritage et du soin de sa gloire.

Le Général Poncelet était un maître. Il laisse dans la science française un grand vide. Il laisse aux générations nouvelles un grand exemple. En jetant un coup d'œil sur sa noble vie, où les devoirs du soldat, les responsabilités de l'officier ou de l'administrateur, les souffrances du prisonnier en proie aux plus cruelles privations, n'ont pas un seul instant détourné sa pensée du culte et de la recherche de la vérité, on sent que Poncelet appartenait à cette race héroïque pour qui le travail est la vie.

Pourquoi toute la jeunesse du pays ne peut-elle avoir été témoin des derniers efforts d'une aussi noble existence ! Un mal sans remède avait condamné Poncelet ; des douleurs sans relâche et sans terme troublaient ses nuits et ses jours ; les heures ou plutôt les moments de calme lui étaient comptés avec une sévère parcimonie. Cependant sa pensée, toujours ferme, toujours lucide, ressaisissant, après chaque souffrance, le fil d'un raisonnement suspendu et d'une recherche interrompue, a poursuivi pendant des années entières des solutions, des rédactions et des publications qu'on prendrait, à les lire, pour les efforts heureux et généreux d'une jeunesse inspirée. calme et confiante.

Il est vrai qu'une compagne, un ange de mansuétude, de prévoyance et d'affection, identifiant sa vie avec celle de son noble et glorieux époux, s'était vouée avec un cœur et un courage incomparables à l'entourer de cet ensemble de soins précieux qu'exigent à la fois. dans un corps qui succombe et dans un génie qui survit, les misères de la matière qui se brise et les lueurs de l'âme qui se dégage.

Ses dernières années en ont été embellies, ses derniers jours en ont été adoucis, et ses derniers travaux en ont été soutenus. Il a quitté cette vie, et il est entré dans un monde meilleur, s'éteignant calme et sans

2.

angoisse, appuyé sur cette main si chère qui recevait dans une dernière étreinte le dernier et suprême adieu.

Au moment où cette tombe va se fermer sur les restes nobles et chers de ce savant, de ce soldat, de cet homme de bien, dont la vie fut consacrée à la recherche de la vérité, dont l'honneur fut la seule passion, qui avait fait de l'amour de la patrie son culte, qui demeura persévérant et fidèle à toutes les affections de son cœur, celui qui fut si longtemps honoré de son amitié ne peut plus trouver qu'un dernier mot, expression à la fois de consolation en ce monde et d'espérance en un monde meilleur : Adieu, Poncelet; adieu!

DISCOURS

DE

M. DE CHABAUD LA TOUR,

GÉNÉRAL DE DIVISION, PRÉSIDENT DU COMITÉ DU GÉNIE.

Messieurs,

Le Général Poncelet, dont on vous a exposé les brillants titres scientifiques, n'a pas seulement été un savant des plus éminents, une des illustrations de l'Académie des Sciences, qui en compte tant dans son sein; il était en même temps un Officier du Génie hors ligne, joignant à la science de l'Ingénieur portée au plus haut degré les qualités militaires les plus solides, un Officier général dont le Corps du Génie était fier à juste titre.

Après deux années seulement d'études mathématiques faites au Lycée impérial de Metz, Poncelet fut admis, en novembre 1807, le huitième de sa promotion, à l'École Polytechnique, où il resta jusqu'en 1810, une maladie grave l'ayant forcé de discontinuer ses études.

Entré en 1810 à l'École d'Application de Metz,

comme élève Sous-Lieutenant du Génie, il en sortit au
mois de février 1812 et fut employé immédiatement
aux travaux des fortifications de Ramekens, dans l'île
de Walcheren, où il débuta, comme Ingénieur, par un
véritable tour de force : pressé par le temps, manquant absolument de matériaux de fondation, il n'en
réussit pas moins à établir sur une couche de tourbe
un fort casematé qui résista parfaitement sur ce même
terrain où un précédent ouvrage avait déjà disparu
par l'effet de son propre poids.

Au mois de juin de cette même année 1812, le
jeune Officier du Génie fut appelé à prendre part à
la campagne de Russie. Le 18 août, il fit la reconnaissance militaire de Smolensk, sous le feu de la
place, et prit une part des plus actives à la bataille
qui se livra le même jour; le lendemain, il fut employé à l'établissement des ponts qu'on dut construire
sur le Dniéper, au-dessous de Smolensk, sous le feu
des batteries russes de la rive opposée. Là, tout jeune
d'âge et de grade, il sut, par son sang-froid et la sû-
reté de son jugement, se faire donner en quelque sorte
par ses camarades plus anciens le commandement de
cette importante opération, et, trompant l'ennemi par
des préparatifs faits ostensiblement sur un certain
point, il réussit à surpendre la construction des ponts
sur d'autres points mieux dérobés aux vues et au feu
des batteries russes.

Pendant la retraite, cette bravoure calme et raison-
née ne se démentit pas; au combat livré le 18 novembre
à Krasnoï par le Corps d'armée du Maréchal Ney contre
le prince Miloradowitch, il chargea, à la tête d'une
colonne de sapeurs et de mineurs, les batteries russes

qui foudroyaient la route; il eut un cheval tué sous
lui, et fut fait prisonnier de guerre par capitulation
avec une partie des débris du Corps de Ney.

Dirigé vers les rives du Volga, Poncelet arriva à
Saratoff après quatre mois d'une marche pénible au
travers des neiges de la Russie. Il y resta jusqu'à la
conclusion de la paix, en juin 1814. Loin de se laisser
abattre par les maux qui ont été la suite inévitable
d'une si longue et si dure captivité, il se livra à des
recherches géométriques qui furent plus tard l'origine
de travaux qu'il n'eût peut-être jamais entrepris sans
les tristes loisirs de l'exil.

Je ne résiste pas, Messieurs, au désir de vous citer
quelques passages du récit qu'il a fait lui-même de
cette époque si pénible de sa vie, dans la préface pla-
cée en tête du tome Ier de ses *Applications d'Analyse
et de Géométrie*, publié en 1866.

« Avec un peu moins d'indépendance dans le caractère, avec moins de patriotisme et d'abnégation per-
sonnelle, j'aurais pu, comme quelques compagnons
d'infortune, mieux avisés peut-être, mettre à profit
mes aptitudes et mes connaissances en mathématiques
pour fuir la misère et acquérir un bien-être relatif;
mais il m'aurait fallu faire le sacrifice des sentiments
les plus intimes de ma conscience, de ma liberté et de
mes opinions politiques. »

Si je poussais ces citations plus loin, je pourrais
vous montrer comment, manquant de toute espèce de
ressources matérielles et scientifiques, il dut tirer tout
de lui-même et refaire péniblement, et pour ainsi dire
un à un, les éléments indispensables aux études mathématiques qu'il voulait poursuivre.

De retour en France, en septembre 1814, Poncelet fut attaché, en qualité de Capitaine du Génie, à la Place de Metz; il créa à cette époque les usines de l'Arsenal du Génie, dont cet établissement avait été jusqu'alors dépourvu; il inventa, en 1820 et 1824, pour les besoins du service, un pont-levis et une roue hydraulique verticale qui portent son nom, et dont l'application s'est de plus en plus répandue en France et à l'étranger. Ces beaux travaux scientifiques, faits au point de vue de l'Ingénieur militaire, ne l'empêchaient pas de donner aussi une partie de son temps à l'art de la fortification, et, à cette même époque, il a rédigé, pour l'amélioration de la Place de Metz, des projets des plus remarquables, et notamment celui d'un barrage éclusé de la Moselle à établir à la gorge du fort du même nom, projet dont Vauban avait émis le premier l'idée, mais en en signalant toutes les difficultés.

En 1825, le Capitaine Poncelet fut appelé à l'École d'Application de l'Artillerie et du Génie, pour y fonder le cours sur les machines; les Officiers de l'Artillerie savent, aussi bien que ceux du Génie, les immenses services que la création de ce cours, fait à un point de vue éminemment pratique, a rendus aux deux armes. En même temps qu'il initiait nos jeunes Officiers aux notions saines et véritablement susceptibles d'application de la mécanique, le Capitaine Poncelet, dans des cours faits le soir aux ouvriers messins, aidait puissamment à jeter les premiers fondements de ces cours publics qui, selon ses idées, doivent mettre les résultats les plus féconds de la science à la portée de tous, et en même temps rendre l'homme meilleur en lui montrant la puissance du travail de l'esprit, de la réflexion et du raisonnement, substituée à l'emploi plus ou moins intelligent de la seule force physique et des procédés de la routine.

Je ne serai certainement démenti par aucun des savants collègues du Général, en disant que, par ses Mémoires et ses Leçons sur les machines et la résistance des matériaux, il a été l'un des précurseurs les plus remarquables de ce grand mouvement industriel qui a donné tant d'éclat aux vingt dernières années de notre siècle.

Appelé, dans cette même année 1825, au Dépôt des fortifications, pour y traiter les questions scientifiques, en même temps qu'il professait le cours de mécanique à l'École d'Application de Metz, forcé ainsi de partager son temps et ses études entre la création de ce cours, les rapports qu'il avait à faire au Comité des fortifications et les recherches scientifiques qui devaient lui ouvrir les portes de l'Académie des Sciences, il a accompli une somme de travaux dont l'énumération seule m'entraînerait bien au delà des limites que j'ai dû me poser.

Les numéros du *Mémorial du Génie*, les avis du Comité des fortifications, les *Comptes rendus des séances de l'Académie des Sciences*, voilà les documents qu'il faudrait analyser pour en présenter l'ensemble, et nous serions embarrassés de savoir ce qu'il faut le plus admirer dans les travaux du Capitaine Poncelet, ou de la profondeur de ses solutions analytiques, ou bien de l'élégance, de la simplicité et en même temps de la rigueur de ses solutions géométriques qui, comme notamment dans les questions de la stabilité des voûtes et de celle des murs de revêtement, au lieu de rétrécir le problème à résoudre, l'élargissent au contraire en tenant compte de tous les éléments qu'il comporte.

Mais revenons au sujet qui nous occupe tout spécialement, aux services militaires de notre cher camarade.

Poncelet, qui avait été dix-sept ans Capitaine et dix ans Chef de bataillon, malgré sa haute valeur scientifique et ses beaux services militaires, fut enfin nommé Général de brigade le 19 avril 1848.

Appelé, peu de jours après, aux fonctions de Commandant supérieur de l'École Polytechnique, en même temps qu'il était Membre de l'Assemblée Constituante, il s'est vu nommer encore, pendant les douloureux événements de juin 1848, au commandement supérieur des Gardes nationales de la Seine.

Ce qui lui avait valu l'honneur d'un poste alors si difficile, c'était ce caractère ferme, ce courage calme et raisonné, cette loyauté inébranlable qu'il avait montrés pendant toute sa carrière, et qui ne lui ont pas fait défaut dans ses dernières épreuves.

Je vous ai raconté simplement cette vie si bien et si noblement remplie, parce que la simplicité et la modestie étaient au premier rang parmi les belles qualités du Général Poncelet; travailleur infatigable, il ne croyait jamais avoir assez fait, et pour lui tout progrès qu'il avait atteint était une excitation à poursuivre un progrès nouveau.

Le récit bien succinct de ses services militaires nous a montré que la conscience qu'il apportait à ses travaux scientifiques, il l'a apportée aussi à ses devoirs d'Officier, et que, comme tous les hommes véritablement supérieurs, il s'est montré le même dans tout le cours de sa vie, imprimant à tous ses actes ce cachet de franchise, d'honneur, de droiture qui faisait le trait dominant de son caractère.

Et maintenant, notre cher et regretté camarade, je vous dis adieu au nom de ce Corps du Génie qui, avec tant de raisons, est fier de vous, et que vous avez tant aimé; votre souvenir vivra parmi nous autant que vos précieux travaux, et toutes les fois qu'on voudra citer le modèle d'un véritable Ingénieur militaire, votre nom sera un des premiers qu'on prononcera.

La digne femme qui, à force de soins et de tendresse, a réussi à prolonger votre vie et vos utiles travaux, continuera à appartenir à la famille du Génie, et la vénération dont nous entourerons la mémoire de son mari aidera à la consoler d'une perte si cruelle.

DISCOURS

DE

M. ROLLAND,

DIRECTEUR GÉNÉRAL DES MANUFACTURES DE L'ÉTAT.

MESSIEURS,

Les paroles que vous venez d'entendre disent assez
la grandeur de la perte que viennent de faire la science
et le pays. Mais s'il appartient à des voix plus autori-
sées de louer dignement le Savant et le Général, per-
mettez à un ami de dire à son tour quelques mots
d'adieu à l'homme de bien, au grand caractère qui
vient de quitter ce monde.

Compatriote du Général, ma famille était depuis
longtemps liée à la sienne, et, aussi loin que me re-
portent mes souvenirs, je le trouve mêlé à tous les
événements de ma vie, comme le conseil le plus sûr,
comme l'ami le plus vénéré. Caractère antique dans
toute l'acception du mot, d'une rigidité inflexible dans
la ligne de l'honneur et du devoir, le Général n'accep-
tait aucun compromis de conscience. Rigoureux pour

lui-même, il l'était pour les autres; cependant, malgré un état maladif presque continu, malgré les souffrances aiguës au milieu desquelles il a accompli les derniers et magnifiques travaux de sa longue vie scientifique, ceux qui ont été admis dans les replis intimes de cette belle âme, doivent rendre à l'illustre défunt cet hommage que, s'il était sévère pour ce qu'il croyait faux et injuste, il n'hésita jamais à soutenir, du poids de sa légitime autorité, l'infortune imméritée et l'homme jugé digne de son estime.

Pardon, Messieurs, de ces réflexions dont certes la mémoire du Général n'avait pas besoin, mais qui me sont dictées par l'affection presque filiale que je lui avais vouée.

Pour ceux qui ont connu le Général dans ces dernières années, les sentiments cruels inspirés par cette tombe entr'ouverte sont adoucis par la pensée de la cessation des souffrances intolérables auxquelles il était en proie. Certes, si la mort n'eût pas été inflexible, elle se fût arrêtée devant le dévouement sans bornes et les soins si tendres de la femme incomparable que la Providence avait donnée pour compagne à celui que nous pleurons. Elle a été pour lui l'ange gardien devenu visible par une faveur spéciale du ciel.

Dans ce lieu de repos, non loin de la tombe de M. de Senarmont, l'homme de cœur, le savant si regretté, je croirais manquer à un devoir sacré si je ne rappelais pas ici l'affection qui l'unissait au Général, et le concours dévoué que, pendant longtemps, il prêta à Mme Poncelet pour distraire son mari de ses souffrances.

Aujourd'hui, la Providence vient de réunir ces deux

àmes d'élite. Un sentiment, dont vous apprécierez la délicatesse, a songé à rapprocher les tombeaux où vont reposer leurs dépouilles mortelles.

Mais je m'arrête, sentant mon impuissance à louer dignement celui dont il faut nous séparer. Adieu donc, mon cher Général, recevez ici la dernière expression de ma reconnaissance pour l'affection dont vous m'avez toujours honoré et dont je conserve précieusement l'inaltérable souvenir.

PARIS. — IMPRIMERIE DE GAUTHIER-VILLARS,
Rue de Seine-Saint-Germain, 10, près l'Institut.

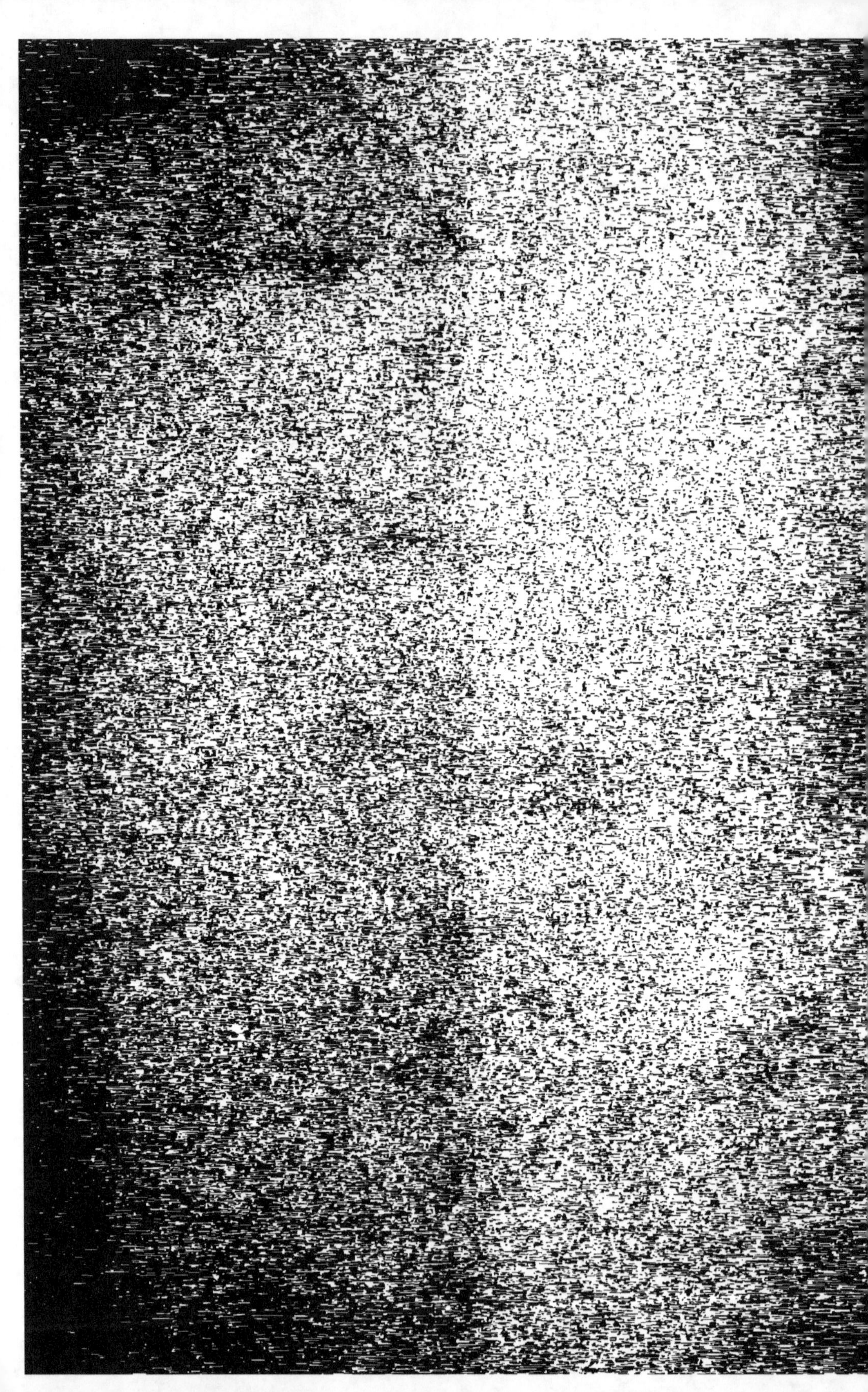